AF400021

DAS PARETO-PRINZIP

Die 80/20-Regel

Verfasst von Antoine Delers
In Zusammenarbeit mit Isabelle Van Steenkiste
Übersetzt von Mareike Lobeck

Business 50MINUTEN.de

DAS PARETO-PRINZIP

SCHLÜSSELINFORMATION

- **Bezeichnungen:** Pareto-Prinzip, Pareto-Effekt, 80-zu-20-Regel, 80/20-Regel, 80-20-Regel
- **Anwendungsbereiche:**
  - In der Wirtschaft: Instrument der Unternehmensführung (Qualitäts-, Kunden-, Produktions-, Lager- und Personalmanagement usw.), Ausarbeitung von Werbe- und Marketingstrategien usw.
  - In der Physik, Soziologie und Statistik, aber auch im Privatleben (Zeit- und Aufgabenmanagement usw.)
- **Warum ist es so gut?** Nach dem Pareto-Prinzip werden 80 % der Ergebnisse mit 20 % des Gesamtaufwands erreicht. Mit diesem Verhältnis kann schnell der wichtigste Teil einer Aktivität bestimmt werden. Das Modell findet sich auch in vielen Bereichen des täglichen Lebens wieder. Ein Beispiel aus der Unternehmenswelt: Ein Unternehmen möchte herausfinden, welche Kunden für die meisten

Einnahmen verantwortlich sind. Wenn die 80/20-Regel eingehalten wird, kann sich das Unternehmen auf die 20 % seiner Kunden konzentrieren, die 80 % des Umsatzes erbringen, um diese an sich zu binden und als Kunden zu halten.

- **Schlüsselwörter:** Vilfredo Pareto, Pareto-Prinzip, 80/20-Regel, ABC-Analyse, Umsatz, Joseph Juran, Zeitmanagement, Kundenbetreuung, Beziehungsmarketing, CRM (Customer-Relationship-Management, Kundenpflege), Pareto-Diagramm, Long Tail, Pareto-Optimum (die Verbesserung einer Sache ist nur möglich, wenn sich dafür etwas anderes verschlechtert)

EINLEITUNG

Hintergrund

Das Pareto-Gesetz dient der Analyse und Entscheidungshilfe und wurde Ende des 19. Jahrhunderts, genauer gesagt 1897, von Vilfredo Pareto (1848-1923) entwickelt. Der italienische Ökonom und Soziologe absolvierte sein Studium am Polytechnikum in Turin, Italien, und wird heute als Vater des Pareto-Prinzips angesehen. Bei einer Untersuchung des Vermögens seines Landes stellte er fest, dass nur 20 % der Einwohner 80 % des Gesamtvermögens besitzen. Er wandte sein Gesetz anschließend auf andere Staaten wie Russland, Frankreich und die Schweiz an und kam dabei zum gleichen Ergebnis.

Allerdings dauerte es noch bis in die 1940er Jahre, bis der amerikanische Ingenieur Joseph Juran (1904-2008), der sich mit Qualitätsmanagement beschäftigte, die 80/20-Theorie bestätigte und sie Vilfredo Pareto zuschrieb.

Definition

Paretos Theorie beruht auf der Beobachtung, dass 20 % des Gesamtaufwands für 80 % der Ergebnisse verantwortlich sind. Mit anderen Worten sind in der Geschäftswelt 20 % der Kunden für 80 % des Umsatzes verantwortlich. Wenn ein Unternehmen diese 20 % der wichtigsten Kunden erkennt, kann es ihnen mehr Aufmerksamkeit schenken und somit Zeit und Geld sparen. Laut Joseph Juran gilt das Pareto-Gesetz in der gesamten Unternehmenswelt und in allen Unternehmensbereichen. Im Folgenden wird sich zeigen, dass die 80/20-Regel sowohl in Unternehmen als auch im Bereich des täglichen Lebens nicht immer eingehalten wird. Dennoch kann sie einen Eindruck von der Realität vermitteln.

DAS PARETO-PRINZIP IN DER THEORIE

GESCHICHTE

In den 1940er Jahren bemerkt Joseph Juran, dass ein kleiner Teil der erkannten Fehler den Großteil der Probleme in einer Produktionskette ausmachen. Er erkennt schnell das 80/20-Verhältnis (80 % der Probleme werden durch 20 % der Fehler verursacht) und schreibt die Theorie Vilfredo Paretos Erkenntnissen vom Anfang des 20. Jahrhunderts zu. In seiner Forschung zum Qualitätsmanagement zeigt Joseph Juran schließlich, dass die Ursachen in zwei Gruppen geteilt werden können: die wesentlichen 20 % der Fehler und die nebensächlichen, die die restlichen 80 % ausmachen. Indem er die beiden Gruppen voneinander trennt, kann sich Joseph Juran auf die problematischsten Fehler, also diejenigen, die 80 % der Probleme verursachen, konzentrieren und die Probleme der Produktionskette somit signifikant reduzieren.

ANWENDUNG IM UNTERNEHMEN

Heute findet das Pareto-Prinzip unterschiedlichste Anwendungen im Unternehmen, aber auch im Selbstmanagement und bei der Effizienzsteigerung. Die Anwendung im Unternehmen kann zum Beispiel Kundenmanagement oder Personalmanagement betreffen, wo beispielsweise 20 % der Mitarbeiter 80 % der Arbeit leisten. Ebenso gilt dies für die Geschäftsstrategie, wenn 20 % der Produkte 80 % des Gewinns generieren. Zum besseren Verständnis folgt ein kurzer Überblick über die verschiedenen Anwendungsmöglichkeiten des Pareto-Prinzips.

Pareto als Instrument des Beziehungsmarketings

Wie bereits erwähnt wird das Pareto-Prinzip häufig im Kundenmanagement eines Unternehmens angewandt. Zahlreiche Studien zeigen, dass tatsächlich 20 % der Kunden 80 % des Umsatzes ausmachen. Diese Kunden sind demnach die wichtigsten des Unternehmens. Folglich sollten sie vom Unternehmen vor allem per Beziehungsmarketing zu Stammkunden gemacht werden, um eine maximale Kundenbindung zu erreichen.

GUT ZU WISSEN

Beziehungsmarketing hilft, eine Beziehung zwischen Marke und Kunden aufzubauen und zu pflegen. Dies kann durch Werbegeschenke, Rabattaktionen oder auch durch Einladungen und Beratungsangebote erfolgen. Das Ziel ist eine langfristige Beziehung zum Kunden, da die Bindungskosten geringer sind als die Kosten für die Neukundenakquise.

Eine weitere Anwendung des Pareto-Prinzips im Management der Kundenbeziehung ergibt sich daraus, dass 20 % der Kunden 80 % der Reklamationen verfassen. Wenn diese 20 % der Kunden mit denen aus dem vorherigen Beispiel übereinstimmen, ist es für das Unternehmen unproblematisch, ihre Wünsche zu erfüllen, da die Bindung dieser Kunden sowieso schon hohe Priorität hat. Leider ist dies nicht oft der Fall: Die 20 % der Hauptkunden stimmen nur selten mit denjenigen überein, die 80 % der Reklamationen verfassen. Dies erschwert einem Unternehmen die eindeutige Einteilung der einzelnen Kundengruppen, wodurch es seine Aufmerksamkeit direkt auf die wichtigste Kategorie lenken könnte. Stattdessen müssen Prioritäten gesetzt und zwischen Umsatz und Reklamationsmanagement (und hiermit Steigerung der Kundenzufriedenheit) entschieden werden.

Pareto als Instrument der Qualitätskontrolle

Eine zweite Anwendung, die vor allem von Joseph Juran verwendet wurde, ist die der Qualitätskontrolle und des Qualitätsmanagements einer Produktionskette. Wenn 20 % der Fehler 80 % der Probleme verursachen, liegt es unbedingt im Interesse des Unternehmens, diese Fehler zu beseitigen und so die Qualität zu verbessern. Weitere Anwendungen dieser Art sind ebenfalls möglich:

- In 20 % der Zeit, die auf die Einstellung der Maschinen entfällt, werden 80 % der Probleme beseitigt.
- 20 % der Produktionskette produzieren 80 % des Endprodukts.

Weitere Anwendungen von Pareto

- Instrument des Selbstmanagements: 20 % der Arbeit erbringen 80 % der Ergebnisse.
- Instrument des Risikomanagements: 20 % der Risiken verursachen 80 % der Folgen.
- Instrument des Logistikmanagements: 20 % der Produkte verursachen 80 % der Lagerkosten.
- Instrument der Lagerhaltung: 20 % aller Produkte entsprechen 80 % des Gesamtbestandwerts.

- Instrument des Vertriebsmanagements: 20 % der Produkte generieren 80 % des Gewinns.
- usw.

WENN DIE REGEL DIE NORM WÄRE

Was wäre, wenn das Pareto-Prinzip heutzutage die Norm in Unternehmen darstellen würde? Sollten sie sich so weit wie möglich an das Verhältnis 80/20 anpassen, um weiter bestehen zu können?

Nehmen wir dazu wieder das oben betrachtete Beispiel: Ein Unternehmen bemerkt nach einer Kundenanalyse, dass nur 10 % seiner Kunden 90 % des Umsatzes erbringen. Diese Situation gibt ein wenig zu denken, da die Anzahl Hauptkunden sehr gering ist. Sollte das Unternehmen nur wenige dieser Kunden verlieren, würde das einen drastischen Einbruch des Umsatzes bedeuten. In diesem Fall kann eine Abkehr von der 80/20-Regel fatale Folgen für das Unternehmen haben. Es hat also zwei Möglichkeiten:

- Entweder werden diese Kundenbeziehungen intensiv gepflegt, um die Kunden zu halten.

Dieser Ansatz ist jedoch einseitig und löst nicht die Probleme, da die Kunden weiterhin nicht diversifiziert sind.

- Oder man versucht, noch weitere Kunden an sich zu binden, um ein besseres Gleichgewicht zu erreichen. Dieser Ansatz ist mit dem ersten zu verbinden. In diesem Stadium sollte sich das Unternehmen auf die mittleren Kunden konzentrieren und sie zu „guten Kunden" machen, um so ein stabileres Verhältnis zu erzielen.

Ein zweites Beispiel zeigt jedoch, dass es nicht unbedingt gefährlich sein muss, von der Norm abzuweichen. Stellen wir uns vor, dasselbe Unternehmen stellt bei seiner Kundenanalyse fest, dass es keinen einzigen großen Kunden hat und dass 30 % seiner Hauptkäufer 70 % des Umsatzes ausmachen. Das Unternehmen ist zwar nicht weit von der 80/20-Regel entfernt, die Zahlen entsprechen jedoch nicht exakt dem Pareto-Prinzip. Und dennoch ist das Unternehmen in einer besseren Lage als im vorherigen Beispiel. Die Aktivität ist diversifiziert und der Verlust einiger Kunden würde sich nicht so dramatisch auswirken wie bei einem Verhältnis von 90/10. Trotzdem könnte dies im Hinblick auf die Kosten pro Kunde problematisch sein, da die Anzahl der Kunden größer ist: Die Kosten für Kundenmanagement und Kommunikation werden hierdurch höher. In diesem Fall wäre eine Annäherung an das 80/20-Gleichgewicht ein Garant für zukünftigen Erfolg.

Unbedingt ein 80/20-Verhältnis zu erreichen, ist nicht Sinn und Zweck des Pareto-Prinzips. Vielmehr sind Tätigkeit und Branche des Unternehmens ausschlaggebend. Eine Supermarktkette hat zwangsläufig viele kleine Kunden, während ein Flugzeughersteller höchstwahrscheinlich weniger, aber dafür größere Kunden versorgt. In Abhängigkeit von der Branche kann das Pareto-Prinzip durchaus auch andere Werte als die klassischen 80/20 annehmen.

GUT ZU WISSEN

Es gibt verschiedene Kommunikationskanäle, die ein Unternehmen nutzen kann, um seine Kunden zu erreichen. Die Massenvermarktung wendet sich an alle Konsumenten, die in diesem Fall als mittlere Konsumenten angesehen werden. Im Gegensatz dazu ist das One-to-One-Marketing auf einzelne Kunden zugeschnitten und bietet so individuell sinnvolle Produkte an. Diese zweite Art der Kundenkommunikation ist zweifellos der interessantere Ansatz, aber gleichzeitig ist die Umsetzung auch kostspieliger. Schließlich gibt es noch Kommunikationsarten, die einen Mittelweg einschlagen, wie das differenzierte Marketing, das ein mehr oder weniger großes Marktsegment anspricht, oder das konzentrierte Marketing, das sich auf ein einzelnes kleines Marktsegment beschränkt.

VORTEILE VON PARETOS MODELL

Die Anwendung des Pareto-Prinzips bietet zahlreiche Vorteile. Die meisten wurden in den vorherigen Abschnitten schon erwähnt. Ein Unternehmen, das für jede Abteilung das entsprechende Pareto-Verhältnis kennt, kann seine Leistungsfähigkeit folgendermaßen verbessern:

- **Besseres Risikomanagement**: Wenn das Unternehmen die größten und am schnellsten zu beseitigenden Risiken erkannt hat, kann es sich auf sein Kerngeschäft konzentrieren.

- **Bessere Kundenkenntnis**: So kann eine Kommunikationsstrategie definiert und auf die wichtigsten Kunden ausgerichtet werden. Indem das Unternehmen sinnvolle Daten der wichtigsten 20 % seiner Kunden erhebt – vor allem ihre geografische Herkunft, bei Gewerbekunden die Branche, bei Privatkunden auch Alter und Geschlecht – kann das Marketing besser auf potenzielle Neukunden mit denselben Daten ausgerichtet werden. Wenn die so anvisierten Interessenten den Hauptkunden ähneln, ist die Chance größer, dass sie auch als Kunden gewonnen werden.
- **Kostenreduzierung**: Wenn ein Unternehmen die Posten der Produktionskette kennt, die am meisten Energie verbrauchen oder die den kleinsten Ertrag bringen, kann es die kostspieligsten Elemente entfernen oder anpassen.
- **Verbessertes Zeitmanagement**: Kennt ein Manager die produktivsten Geschäftsbereiche, kann er sich auf diese konzentrieren und so ihren Ertrag steigern.

DAS PARETO-PRINZIP: SCHWÄCHEN UND ERGÄNZUNGEN

SCHWÄCHEN UND KRITIK

Auch wenn es in vielen Bereichen angewandt werden kann, gilt das Pareto-Prinzip nicht immer für alle Branchen und Abteilungen. Im Einzelhandel, beispielsweise, stößt das Prinzip an seine Grenzen, da es hier unwahrscheinlich ist, dass 20 % der Kunden 80 % des Umsatzes erbringen. Die Regel muss also an die Branche, aber auch an die jeweilige Unternehmensabteilung, angepasst werden. Außerdem bestehen die folgenden zwei Kritikpunkte: Zum einen entspricht das tatsächliche Verhältnis oft nicht der 80/20-Regel und zum anderen ist ein Fokus auf die wichtigen 20 % nicht immer die beste Lösung.

Nicht immer exakt

Der erste Kritikpunkt zeigt, dass es sich um keine exakte Wissenschaft handelt. Für jede Abteilung eines Unternehmens ein 80/20-Verhältnis herzustellen, ist praktisch unmöglich. Dies steht jedoch nicht im Widerspruch mit dem Grundgedanken des Modells. Nach der Theorie von Joseph Juran müssen die Ergebnisse in zwei Gruppen geteilt werden. Auf der einen Seite steht eine kleine Gruppe mit großen Auswirkungen, auf der anderen Seite eine große Gruppe mit kleinen Auswirkungen. Selbst wenn es nicht immer möglich ist, sich genau auf Gruppen von 20 % und 80 % zu beschränken, können doch Verhältnisse von 10/90 oder 5/95 verwendet werden, was in bestimmten Situationen sogar der Norm entspricht.

Nicht immer wirksam

Der zweite Kritikpunkt bezieht sich auf die relative Wirksamkeit des Pareto-Prinzips. Auch wenn sich 80 % der Produkte eines Unternehmens schlechter verkaufen, können sie trotzdem einen nicht zu vernachlässigenden Teil des Umsatzes darstellen (sagen wir 20 %). Sind die Lagerkosten für diese Produkte gering, so kann sich das Unternehmen leisten, sie weiterhin zu verkaufen, auch wenn sie weniger Kunden anziehen.

Der nächste Punkt zeigt, dass das Pareto-Prinzip hier an das *Long Tail*-Prinzip gebunden ist.

ERGÄNZUNGEN UND VERWANDTE MODELLE

Die ABC-Analyse

Die ABC-Analyse verbessert das Pareto-Prinzip. Sie bemängelt, dass das Pareto-Prinzip die Zwischengruppen außer Acht lässt und sich deren Wichtigkeit nur schwer beurteilen lässt. Durch die Einteilung der Ergebnisse in drei Kategorien (A, B und C) berücksichtigt ein Unternehmen auch die Ergebnisse, die weniger als 20 % ausmachen und kategorisiert ihre Wichtigkeit je nach Auswirkungen. Die Kategorien können folgendermaßen aufgebaut sein:

- Klasse A: 20 % der Kunden, die 80 % des Umsatzes erbringen
- Klasse B: 30 % der Kunden, die 15 % des Umsatzes erbringen
- Klasse C: 50 % der Kunden, die 5 % des Umsatzes erbringen

Klasse B stellt hier einen Risikobereich dar, in dem die Investition von Zeit und Geld sinnvoll sein könnte. Diese Zwischenkategorie wurde vom Pareto-Prinzip vernachlässigt, wird aber von der genaueren ABC-Analyse mit einbezogen.

The Long Tail

Das Konzept des *Long Tail*, zu Deutsch *langer Schwanz*, knüpft an das Pareto-Prinzip an und ergänzt es. Der Umsatz eines Unternehmens wird auf alle Produkte verteilt, inklusive der Randprodukte, die dennoch einen Großteil des Umsatzes ausmachen und sich folgendermaßen auszeichnen:

- geringe Verkaufszahl pro Randprodukt
- hohe Anzahl Randprodukte (oft mehr als 80 % aller Produkte)

Im Falle eines Buchhändlers gehören beispielsweise zu den Randprodukten alle Werke, von denen im Jahr nur wenige Exemplare verkauft werden. Aufgrund der Kosten und des für die Lagerung benötigten Platzes kann der Buchhändler nicht nur solche Bücher anbieten. Um seine Bilanz auszugleichen, muss er sich also auf Veröffentlichungen konzentrieren, die sich gut verkaufen – wie zum Beispiel Bestseller.

Die Verbindung zum Pareto-Prinzip liegt hier darin, dass wenige Artikel einen großen Anteil des Verkaufs ausmacht. Ein traditionelles Geschäft sollte sich also auf den Verkauf dieser Produkte konzentrieren. Der Onlinehandel stellt hierbei jedoch eine Ausnahme dar.

GUT ZU WISSEN

Der Onlinehandel (auch *E-Commerce* oder Internethandel) ermöglicht es, die Lagerkosten für ein Produkt zu senken, da dieses nicht in einem Laden ausgestellt und im Großteil der Fälle noch nicht einmal zwischengelagert werden muss. Onlinehändler können so eine größere Produktpalette anbieten. Mittels *E-Commerce* kann außerdem der Einzugsbereich mit geringem Kostenaufwand vergrößert werden.

Während sich das Pareto-Prinzip nur auf die wichtigsten 20 % konzentriert, berücksichtigt der *Long Tail* im Onlinehandel auch die verbleibenden 80 %, da die zusätzlichen Kosten minimal sind, der Ertrag dagegen hoch. Amazon ist ein gutes Beispiel für die Anwendung des *Long Tail*. Als Onlinehändler kann das Unternehmen eine bemerkenswerte Anzahl Werke zum Verkauf anbieten, die bis dahin in einem Laden kaum zu finden waren. Am Beispiel dieses Falls, der von den neuen Vorzügen durch das Internet profitiert, werden die Grenzen des Pareto-Prinzips besonders deutlich. Es kann für manche Unternehmen also sehr interessant sein, sich nicht nur auf die 20 % der am meisten verkauften Produkte zu konzentrieren.

DAS PARETO-PRINZIP IN DER PRAXIS

Im Folgenden wird das bisher Gelernte angewandt. Dazu wird zunächst ein Diagramm nach Pareto erstellt, durch das die interessantesten 20 % visuell deutlich werden. Zum besseren Verständnis wurde absichtlich ein vereinfachtes Beispiel – von einem Verkäufer und dessen Kunden – gewählt. Ein komplexerer Fall schließt den Praxisteil ab.

GLIEDERUNG DER DATEN

In einem ersten Schritt wird eine Datengrundlage geschaffen. Da die wichtigsten 20 % identifiziert werden sollen, ist es empfehlenswert, die Daten nach abnehmender Wichtigkeit zu sortieren, um sofort die interessantesten Elemente ablesen zu können.

In der ersten Spalte sollten die zu beobachtenden Faktoren aufgelistet werden, zum Beispiel die einzelnen Kunden. In der zweiten Spalte sollten die zugehörigen Variablen eingetragen werden, beispielsweise die Kaufbeträge der verschiedenen Kunden.

Danach muss für jedes Objekt (in diesem Fall für jeden Kunden) der Prozentwert sowie der kumulierte Prozentwert berechnet werden. Dank des letztgenannten Werts kann im Pareto-Diagramm eine Kurve der kumulierten Prozentwerte gezeichnet werden. Zählt man alle Daten zusammen, zeichnen sich die 80 % deutlich ab.

GUT ZU WISSEN

Es ist nicht immer leicht, seine Kunden zu identifizieren, vor allem im Einzelhandel und bei einer großen Anzahl an Privatpersonen. Dennoch stehen Unternehmen entsprechende Mittel zur Verfügung, die dabei helfen können, eine Datengrundlage der treuen Kunden zu schaffen. Ein gutes Beispiel dafür ist die Kundenkarte.

Einfacher gesagt sollte eine Datengrundlage wie diese geschaffen werden:

Beispiel einer Datengrundlage

Kunden	Betrag	Prozentwert (%)	Kumulierte %
A	9.700	24,84 %	24,84 %
B	8.200	21,00 %	45,84 %
C	6.900	17,67 %	63,51 %
D	4.970	12,73 %	76,24 %
E	1.890	4,84 %	81,08 %
F	1.660	4,25 %	85,33 %
G	1.540	3,94 %	89,27 %
H	1.230	3,15 %	92,42 %
I	800	2,05 %	94,47 %
J	610	1,56 %	96,03 %
K	520	1,33 %	97,36 %
L	380	0,97 %	98,34 %
M	350	0,90 %	99,23 %
N	200	0,51 %	99,74 %
O	100	0,26 %	100,00 %
Gesamt	39.050	100 %	

Dieses fiktive Beispiel umfasst insgesamt 15 Kunden, benannt von A bis O und in absteigender Reihenfolge nach erfolgten Käufen gelistet (Daten der zweiten Spalte). Es könnte sich beispielsweise um die Ergebnisse eines Vertreters und seinen Kundenstamm handeln. Die dritte Spalte entspricht dem Prozentanteil der Käufe des jeweiligen Kunden am Gesamtwert. In der vierten Spalte wird schließlich der kumulierte Prozentwert berechnet, das heißt die Summe aller Prozentwerte. Rechnet man die Käufe aller Kunden zusammen, kommt man also zwangsläufig auf 100 %.

Die Werte in Rot entsprechen den gewünschten 80 % des Pareto-Prinzips. 27 % der Kunden (4 Kunden von 15) erbringen ungefähr 76 % des Umsatzes. Der Vertreter sollte seine Aufmerksamkeit also auf diese Daten lenken.

Auch die ABC-Regel kann in diesem Beispiel angewandt werden, da es eine Zwischengruppe gibt, an der der Vertreter gut verdient. Die betroffenen Kunden (E, F, G, H, I und J) entsprechen 40 % der Konsumenten und generieren 20 % des Umsatzes. Sie werden in Blau dargestellt.

ERSTELLEN DES DIAGRAMMS

Nun muss ein Diagramm erstellt werden (zum Beispiel mit *Excel*). Meistens wird hierfür ein

Histogramm in Kombination mit einer Kurve verwendet, die die Werte aus der letzten Spalte der obigen Tabelle darstellt. Dieser Schritt bleibt jedoch optional. Es ist durchaus möglich, die Ergebnisse in einer einfachen Tabelle zu besprechen.

Hier ein Diagramm, das die oben aufgeführten Werte darstellt:

Beispieldiagramm

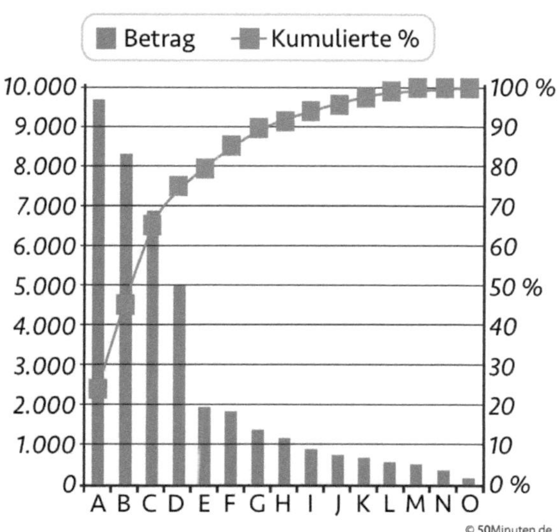

Die Kunden sind auf der x-Achse angeordnet, die Kaufbeträge auf der y-Achse. Die blauen Kästchen geben den Betrag an, der vom Kundenstamm des Vertreters ausgegeben wurde, während die rote Kurve den kumulierten Prozentwert der Verkäufe zeigt. Diese Werte werden als Prozentwert rechts wiedergegeben. In den folgenden Abschnitten werden die Ergebnisse interpretiert.

GUT ZU WISSEN

Um ein solches Diagramm in Excel zu erstellen, sollte ein Diagramm mit zwei Vertikalachsen verwendet werden (eine Hauptachse links und eine Sekundärachse rechts), damit beide Wertgruppen abgebildet werden können. Sollte es ein solches Diagramm im Tabulator noch nicht geben, folgen Sie diesen Schritten:

- Zeichnen Sie mit den Verkaufswerten ein Histogramm (zweite Spalte der Tabelle) und setzen Sie diese Werte links auf die Hauptachse des Diagramms.
- Zeichnen Sie anschließend die Kurve der Prozentwerte und beziehen Sie hier die kumulierten Prozentwerte als eine

neue Serie in Ihr Diagramm mit ein. Hierzu ändern Sie nur für diese Werte den Diagrammtyp (wählen Sie dazu beispielsweise das Diagramm „Linie mit Datenpunkten") und legen Sie sie schließlich auf die Sekundärachse (rechts).

- Formatieren Sie das Diagramm und benennen Sie die Achsen und das Diagramm selbst. Ändern Sie gegebenenfalls auch die Farben und fügen Sie Datenbeschriftungen für die Achsen hinzu, wie beispielsweise die Angabe der kumulierten Prozentwerte.

IDENTIFIKATION DER WICHTIGSTEN 20 %

In einem dritten Schritt wird das Diagramm (und/oder die Tabelle) interpretiert, um die wichtigsten 20 % identifizieren zu können. Im Fall der hier untersuchten Kunden kann der Gesamtkaufbetrag jedes Kunden einfach abgelesen werden. Das Ergebnis entspricht zwar nicht unbedingt der 80/20-Regel, es ist dennoch wichtig zu wissen, wie sich der Bereich zusammensetzt.

Erste Feststellungen

- Ungefähr 27 % der Kunden (A, B, C und D) erbringen 76 % des Umsatzes. (Dieses Verhältnis nähert sich am ehesten dem Verhältnis nach Pareto an.)
- Der Vertreter sollte seinen Fokus also hauptsächlich auf die Bindung dieser wichtigsten Kunden legen.
- Durch die ABC-Methode werden auch die Zwischengruppen nicht übersehen, die in diesem Fall fast 20 % des Umsatzes ausmachen.

ZU ERGREIFENDE MASSNAHMEN

Art der Maßnahmen

Im letzten Schritt werden je nach Ergebnis Maßnahmen getroffen, um die Effizienz der Unternehmensstrategien zu verbessern. Diese Maßnahmen können ganz unterschiedlich aussehen:

- Probleme einer Fabrik beseitigen
- sehr produktiven Arbeitnehmern danken
- mögliche Neukunden identifizieren
- Kunden an sich binden
- usw.

Die Kundenbindung kann durch Werbung, individualisierte Angebote oder andere Bindungsstrategien umgesetzt werden, zum Beispiel durch Einladungen zu Fachmessen.

Zum Abschluss dieses Beispiels soll angenommen werden, der Vertreter habe nach der Identifikation von vier Kunden und der erfolgreichen Umsetzung einer Kundenbindungsstrategie entschieden, nun zur Umsatzsteigerung zusätzlich Neukunden zu werben. Um dieses neue Ziel zu erreichen, kann er das RFM-Modell, ein Instrument zur Kundensegmentierung, einsetzen.

GUT ZU WISSEN: SEGMENTIERUNG NACH DEM RFM-MODELL (RECENCY, FREQUENCY, MONETARY RATIO)

Die Segmentierung nach dem RFM-Modell ist eine deskriptive Segmentierung, die sich auf früheres Kaufverhalten bezieht, um (potenzielle) Neukunden besser zu erreichen. Das Kundenprofil teilt sich dabei in drei Kriterien:

- Datum des Einkaufs: Je kürzer der Einkauf zurückliegt, desto weiter oben wird der Konsument eingeordnet.
- Häufigkeit der Einkäufe: Je häufiger ein Kunde einkauft, desto höher wird er eingeordnet.
- Einkaufsbetrag/Produktmenge: entscheidet direkt über die Einordnung des Kunden.

Empfehlungen

- Es bringt nichts, das Pareto-Prinzip anzuwenden, wenn man aus den Ergebnissen keine Konsequenzen zieht.
- Die Methode ist nicht exakt. Ebenso muss nicht in allen Fällen ein Verhältnis von 80/20 erreicht werden.
- Das Pareto-Prinzip ist nicht in allen Bereichen anwendbar.
- Die Methode lässt Zwischenwerte außer Acht.
- Wie der *Long Tail* beim Onlinehandel zeigt, können auch kleinere Werte in manchen Fällen profitabel sein.

FALLSTUDIE – EINE PRODUKTIONSKETTE

Problemstellung

Diese fiktive Fallstudie betrachtet einen Industriebetrieb und dessen Produktionskette. In diesem Unternehmen kommt es im Laufe eines Jahres immer wieder zu Unterbrechungen. Insgesamt dauern diese Unterbrechungen 1033 Stunden, das bedeutet etwas mehr als einen Monat Stillstand. Um den Verlust an Arbeitszeit auszugleichen, identifiziert der Direktor, nachdem er bemerkt hat, dass die Dynamik keinem logischen Muster folgt, ungefähr 10 häufige Ursachen für den Stillstand der Produktion. Er leitet daraus einen Mittelwert für den Stillstand der Produktion (in Stunden) ab und lässt die Häufigkeit der einzelnen Störungsursachen zählen. Er hofft, durch Anwendung des Pareto-Prinzips die Ursachen zu erkennen, die zur Unterbrechung der Kette führen.

Gliederung der Daten und Erstellen des Diagramms

Datengrundlage des betrachteten Betriebs

Probleme [Unterbrechung in Stunden]	Häufig-keit	Gesamt (h)	%	Kumu-lierte %
Wartung der Maschinen [7]	56	392	37,95	37,95
Neukali-brierung [3]	87	261	25,27	63,21
Schlechte Einstellung [4]	23	92	8,91	72,12
Ausgetretenes Öl auf der Maschine [7]	12	84	8,13	80,25
Lagerfehl-bestand [12]	5	60	5,81	86,06
Auftrags-wechsel [4]	15	60	5,81	91,87
Ausfall des Kompressors [7]	4	28	2,71	94,58

Probleme [Unterbrechung in Stunden]	Häufig-keit	Gesamt (h)	%	Kumu-lierte %
Streik der Angestellten [24]	1	24	2,32	96,90
Stromausfall [1]	22	22	2,13	99,03
Totalausfall [2]	5	10	0,97	100
Gesamt	230	1.033	100	

- Die erste Spalte zeigt die dokumentierten Probleme der Fabrik. Die eckigen Klammern geben die gemittelte Anzahl Stunden an, über die die Produktionskette wegen dieser Probleme stillgestanden hat.
- In der zweiten Spalte ist die Häufigkeit der Probleme angegeben: Insgesamt sind 230 Störungen aufgetreten.
- Die dritte Spalte listet in absteigender Reihenfolge die Gesamtanzahl der verlorenen Arbeitsstunden durch jedes Problem auf, je-

weils als Produkt aus Häufigkeit des Auftretens des Problems und entsprechender Dauer des Stillstands (in Stunden). Mit diesen Werten können die Kästchen im Pareto-Diagramm gezeichnet werden.
- Die vierte Spalte gibt schließlich den prozentualen Anteil an der Gesamtanzahl verlorener Arbeitsstunden an, die letzte Spalte zeigt die kumulierten Prozentwerte.

Das unten aufgeführte Diagramm stellt die verschiedenen Daten aus der oben angegebenen Tabelle dar: Die rote Linie, deren Maßstab rechts im Diagramm angezeigt wird, zeigt die kumulierten Prozentwerte, während die blauen Kästchen die Anzahl der Stunden wiedergeben, die die Produktion pro Problem stillstand (Hauptachse links).

Diagramm, das die Produktionskette des betrachteten Unternehmens darstellt
Ausgetretenes Öl auf der Maschine

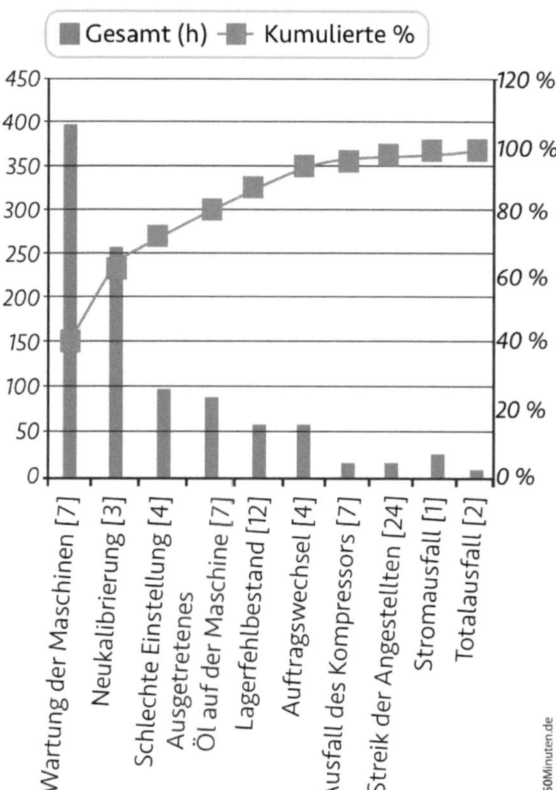

Identifikation der wichtigen Ursachen

In diesem Fall kann das Pareto-Prinzip sehr gut angewendet werden, da ein kleiner Anteil der Ursachen einen Großteil der Probleme auslöst. Genauer gesagt sind es fast 30 % der Ursachen, die 72 % der Unterbrechungen der Produktionskette verursachen. Es gibt aber auch zwei weitere Verhältnisse, die sich diesem annähern:

- Betrachtet man die zwei größten Probleme, das heißt 20 %, liegen die Unterbrechungen bei 63 %.
- Betrachtet man die vier größten Probleme, das heißt 40 %, liegen die Unterbrechungen bei 80 %.

Welches Verhältnis ist das beste? Diese Frage ist schwer zu beantworten. Allerdings liegt das mittlere Verhältnis, bei dem 30 % der Ursachen 72 % der Unterbrechungen verursachen, eindeutig am nächsten am Pareto-Prinzip.

Leider regelt das nicht alle Probleme:

- In diesem Fall müssen viele Ursachen in Angriff genommen werden. Im ersten Verhältnis (zwei Probleme) könnte man sich hingegen auf wenige Ursachen, die ein Maximum an Auswirkungen haben, konzentrieren. Genau das ist das Ziel des Pareto-Prinzips.

- Wenn der Fabrikdirektor allerdings lieber so viele Probleme wie möglich beheben möchte, sollte er sich auf das dritte Verhältnis konzentrieren. So könnte er durch das Beheben von 40 % der Probleme 80 % der Unterbrechungen in der Produktionskette vermeiden.

ZUSAMMENFASSUNG

In diesem Beispiel wurde die Produktionskette durch schwerwiegende und immer wieder auftretende Unterbrechungen verlangsamt. Auch wenn das Beispiel fiktiv ist, lässt es sich leicht auf alle Bereiche eines Unternehmens anwenden (Produktion, Maschinen, Angestellte, Kunden usw.). Durch das Identifizieren der größten Probleme kann ein Unternehmen entsprechende Lösungen finden, um seinen Aufwand zu minimieren und seine Ergebnisse zu optimieren.

Durch Anwendung des Pareto-Prinzips und der ergänzenden ABC-Analyse können Unternehmen ihre Denkweise ändern und sich auf die größten Probleme konzentrieren, während sie ihr Kerngeschäft weiter im Auge behalten. Geht man vom Prinzip „Zeit ist Geld" aus, sieht man, dass jeder Unternehmer und jeder Mitarbeiter existierende Prozesse optimieren kann, um wettbewerbsfähig zu bleiben. Das Gleiche gilt für Privatpersonen, auf die das Pareto-Prinzip ebenfalls anwendbar ist.

ZUSAMMENGEFASST

- Das Gesetz nach Pareto ist ein Universalprinzip, das besagt, dass 20 % der Ursachen 80 % der Konsequenzen bewirken. Durch die Identifikation der Ursachen kann ein Unternehmen leicht die wichtigsten Auswirkungen steuern.
- Es gibt zahlreiche Anwendungen für dieses Prinzip. Sie betreffen nicht nur das Unternehmen in Bezug auf Produktivität oder Kundenbeziehungen, sondern auch verschiedene Bereiche des täglichen Lebens, wie zum Beispiel Haushaltsführung.
- Eine konkrete Anwendung des Pareto-Prinzips ist das Kundenmanagement eines Unternehmens. In einem traditionellen Unternehmen erbringen oft 20 % der Kunden 80 % des Umsatzes. Erkennt ein Unternehmen diese Kunden, kann es sich auf diese konzentrieren und so seine Rentabilität verbessern.
- Die ABC-Analyse ist mit dem Pareto-Prinzip verknüpft und verbessert dieses, indem sie auch Zwischengruppen miteinbezieht, die oft,

wenngleich kleinere, so doch nicht zu vernachlässigende Auswirkungen haben.

- Der *Long Tail* ergänzt ebenso das Pareto-Prinzip und betrifft vor allem den Onlinehandel. Auch wenn die 80/20-Regel weiterhin gilt, kann sich ein Unternehmen, das seine Kosten gerade dank des Internets zu senken weiß, auch auf die Gesamtheit seines Angebots konzentrieren. Somit können weniger gut verkaufende Produkte ebenfalls unterstützt werden – und nicht nur die wichtigsten 20 %.
- Das Pareto-Prinzip kann in Form von Tabellen und Diagramme leicht umgesetzt werden. So entsteht ein Überblick über das Problem, und die Ursachen können abgelesen werden. Das Unternehmen, die Organisation oder ein einfacher Haushalt können sich so auf die Maßnahmen konzentrieren, die sich am stärksten auf Leistungsfähigkeit und Rentabilität auswirken.

Ihre Meinung ist uns wichtig!
Hinterlassen Sie doch einen Kommentar auf der
Seite unserer Online-Buchhandlung
und teilen Sie Ihre Favoriten in den sozialen
Netzwerken!

DARÜBER HINAUS

LITERATURVERZEICHNIS

- Anderson, Chris: *The long tail. Nischenprodukte statt Massenmarkt. Das Geschäft der Zukunft.* Aus dem Englischen von Michael Bayer. Dt. Taschenbuch-Verlag: München 2009.
- *betterexplained.com*: „Understanding the Pareto Principle (The 80/20 Rule)". Infoseite auf Englisch. http://betterexplained.com/articles/understanding-the-pareto-princip-le-the-8020-rule/ (26.02.2018).
- Cotter, John C.: *The 20 % Solution.* John Wiley & Sons: Hoboken, NJ 1995.
- Coyne, Shawn: „*The Pareto Principle Meets the Long Tail*". *stevenpressfield.com.* Blog auf Englisch. http://www.stevenpressfield.com/2012/11/the-pareto-principle-meets-the-long-tail/ (26.02.2018).
- Dufour, Laurent: „*Efficacité du dirigeant: qu'est-ce que la loi de Pareto?*". *leblog-dudirigeant.com.* Blog auf Französisch.

http://leblogdudirigeant.com/efficacite-du-dirigeant-quest-ce-que-la-loi-de-pareto/ (1.03.2018).
* Juran, Joseph M.: *Quality Control Handbook.* McGraw-Hill: New York 1951.
* Koch, Richard: *The 80/20 Principle.* Nicholas Brealey Publishing: London 1998.
* *lescoursdevente.fr*: *„Les techniques et stratégies de prospection"*. Erklärung auf Französisch mit Übungsaufgaben. http://www.lescoursdevente.fr/bacvente/Prospection/Des%20outils%20de%20segmentation%20des%20clients-prospects,%20Pareto,%20ABC,%20RFM.pdf (1.03.2018).
* Montanaro, Lisa: „The Power of the Pareto Principle (aka the 80/20 Rule)". *lisamontanaro.com*. Blog auf Englisch. http://www.lisamontanaro.com/2012/03/16/the-power-of-the-pareto-principle-aka-the-8020-rule/ (26.02.2018).
* Reh, John F.: „Pareto Principle – The 80-20 Rule". *thebalance.com*. Beratungsseite auf Englisch. (2017). http://management.about.com/cs/generalmanagement/a/Pareto081202.htm (26.02.2018).

- Villemin, Gérard: *„Loi de Pareto"*. *villemin.gerard.free.fr*. Blog auf Französisch. (2017). http://villemin.gerard.free.fr/aSocial/Pareto.htm (01.03.2018).

WEITERFÜHRENDE LITERATUR

- Mai, Jochen: „Pareto-Prinzip: Die Gefahr der 80-20-Regel". *karrierebibel.de*. https://karrierebibel.de/pareto-prinzip-8020-regel/ (26.02.2018).
- Marshall, Perry: *80/20 Sales and Marketing*. Entrepreneur Press: Irvine 2013.
- Savara, Sid: „The Problem with the Pareto Principle". *sidsavara.com*. Blog auf Englisch. http://sidsavara.com/personal-productivity/the-problem-with-the-pareto-principle (26.02.2018).

www.50Minuten.de

ISBN digitale Ausgabe: 9782808008563

ISBN gedruckte Ausgabe: 9782808008907

Pflichtexemplar: D/2018/12603/201

Cover: © Plurilingua

Digitale Aufbereitung: Primento, der digitale Partner der Herausgeber